25 Novembre 87 — V

VENTE DU VENDREDI 25 NOVEMBRE 188

HOTEL DROUOT, SALLE No 3

TABLEAUX

ANCIENS

ET QUELQUES

TABLEAUX MODERNES

DESSINS, GOUACHES, PASTELS ET MINIATURES

Plafonds et Peintures décoratives

EXPOSITION PUBLIQUE

LE JEUDI 24 NOVEMBRE 1887

DE UNE HEURE A CINQ HEURES

COMMISSAIRE-PRISEUR
Me PAUL CHEVALLIER
10, rue de la Grange-Batelière, 10.

EXPERT
M. E. FÉRAL, peintre
54, Faubourg-Montmartre, 54.

IMPRIMERIE D. DUMOULIN ET Cie
Rue des Grands-Augustins, 5, Paris

TABLEAUX ANCIENS

ET QUELQUES

TABLEAUX MODERNES

IMPRIMERIE D. DUMOULIN ET Cie
Rue des Grands-Augustins, 5, à Paris.

CATALOGUE

DE

TABLEAUX ANCIENS

ET QUELQUES

TABLEAUX MODERNES

Dessins, Gouaches, Pastels et Miniatures, Plafonds et Peintures décoratives

DONT LA VENTE AURA LIEU

HOTEL DROUOT, SALLE N° 3

Le Vendredi 25 Novembre 1887

à deux heures

COMMISSAIRE-PRISEUR	EXPERT
Me PAUL CHEVALLIER	M. E. FÉRAL, peintre
10, rue de la Grange-Batelière	54, Faubourg-Montmartre

Chez lesquels se trouve le présent Catalogue

EXPOSITION PUBLIQUE : le Jeudi 24 Novembre 1887

De une heure à cinq heures

CONDITIONS DE LA VENTE

La vente sera faite au comptant.

Les acquéreurs payeront cinq pour cent en sus des enchères.

DÉSIGNATION

TABLEAUX ANCIENS
ET MODERNES

ARELLANO

(QUATRE PENDANTS)

1 — *Fleurs et fruits.*

AUBRY

2 — *Les Comédiens.*

AVED

3 — *Portrait de femme.*

Elle est assise devant un métier, occupée à faire de la broderie; vue de face, coiffée d'un bonnet plissé, couverte d'un manteau blanc, en soie, bordé de fourrures.

BASSAN (JACQUES)

4 — *Vénus commandant à Vulcain des armes pour Enée.*

BASSAN (JACQUES)

5 — *Portrait d'un seigneur vénitien.*

BASSAN (genre de J.)

6 — *Les Vendangeurs.*

Peinture sur cuivre.

BELLINI (attribué à JEAN)

7 — *La Vierge et l'enfant Jésus.*

BERGEN (DIRK VAN)

8 — *Bergères conduisant des bestiaux.*

BERGHEM (d'après NICOLAS)

9 — *Paysage avec figures et animaux.*

BOILLY (genre de)

10 — *Tête de femme.*

BOSQUIER (C.)

11 — *Fruits et fleurs posés sur un rocher, au pied de quelques arbres.*

Signé et daté 1864.

BOSQUIER (C.)

12 — *Raisins, pêches, poires, etc., posés dans des coupes et sur une console.*

Signé et daté 1866.

BOSQUIER (C.)

13 — *Dessus de table imitant une mosaïque.*

Au centre, une figure allégorique entourée de plaques de marbre, d'ornements et de fleurs.

BOSSCHE (Van)

13 — *Portrait de jeune femme.*

Vêtue d'une robe grise décolletée, en partie cachée par un manteau de velours bleu.

Signé.

Toile ovale, dans un cadre sculpté.

BOUCHER (d'après Fr.)

15 — *Tête de jeune fille renversée sur un coussin de soie jaune.*

BREUGHEL (Pierre)

16 — *Nombreux patineurs sur un canal glacé.*

BRIL (Paul)

17 — *La Sainte Famille, au repos, dans un paysage.*

CERQUOZZI (dit Michel-Ange des Batailles)

18 — *Fruits et instruments de musique.*

CERQUOZZI (dit Michel-Ange des Batailles)

19 — *Raisins blancs et noirs avec leurs ceps.*

CHARDIN (attribué à Siméon)

20 — *Jambon, pêches, prunes et objets divers posés sur une table de cuisine.*

CHEVALLIER (Louis)

21 — *Un artilleur.*

Esquisse.

COURTOIS (dit le Bourguignon)

22 — *Bataille.*

COURTOIS (dit le Bourguignon)

23 — *Bataille.*

CRAESBEECK (genre de)

24 — *Le Concert, après le repas.*

CRAYER (attribué à Gaspard de)

25 — *Sujet religieux et allégorique, représentant le Christ tenant le roseau et portant la couronne d'épines.*

Il est sur des nuages, entouré de chérubins ; à ses pieds, la Vierge et plusieurs saints personnages en adoration.

CUYP (attribué à Albert)

26 — *Intérieur de boucherie.*

DE MARNE (genre de)

27 — *Cour de ferme.*

DESPORTES (genre de)

28 — *Chien gardant du gibier.*

DROUAIS (Germain)

29 — *Le Retour de l'enfant prodigue.*

Esquisse.

DUPLESSIS (attribué à)

30 — *Portrait d'homme.*

DURER (Ecole d'Albert)

31 — *Saint Jérôme.*

DYCK (d'après Antoine Van)

32 — *Portrait d'un seigneur à cheval.*

EYCKEN (Van)

33 — *La Marchande de fruits.*

FRAGONARD (d'après H.)

34 — *Jeune femme et un Amour.*

FRANCK

35 — *Jeune femme pinçant du luth.*

FRANCK

36 — *Le Christ en croix.*
Fin et précieux tableau, peint sur cuivre.

GILLOT (Claude)
(DEUX PENDANTS

37 — *Les Personnages de la Comédie italienne.*
Causerie dans un parc.

GIORGIONE (genre de)

38 — *Les deux Amants.*

GREUZE (d'après J. B.)

39 — *Jeune Garçon, vu en buste.*

GUIDO RENI

40 — *Figure allégorique.*

Représentant une jeune femme posée sur des nuages, tenant d'une main un serpent, de l'autre un miroir.

Toile de forme octogone, pour un plafond.

GUIGNET

41 — *Guerriers, au repos.*

VAN DER HELST (attribué à B.)

42 — *Portrait d'une dame hollandaise.*

HEEMSKERK

43 — *Intérieur de tabagie.*

HUET (J.-B.)

44 — *La Lecture de la Bible.*

Gracieuse composition, de forme ovale, digne du pinceau de F. Boucher.

Cadre sculpté.

JEAURAT (Etienne)

45 — *Composition allégorique.*

Représentant la reine Marie Leczinska remettant des secours à un prêtre, pour en faire la distribution.

JEAURAT (Etienne)

46 — *Jeune femme à une fenêtre.*

JORDAENS (attribué à Jacques)

47 — *Le Triomphe de Silène.*

LANFRANC

(DEUX PENDANTS)

48 — *Saints personnages, vus en buste.*

Bonnes peintures, sur bois.

LARGILLIÈRE (genre de)

49 — *Portrait de jeune femme en costume de la Régence.*

Cadre en bois sculpté.

LAWRENCE (Sir Thomas)

50 — *Portrait d'un officier de l'armée anglaise.*

LE BRUN (attribué à Mme Vigée-)

51 — *Mme Campan et les enfants de France.*

LENOIR

52 — *Portrait de jeune femme.*

Les cheveux relevés et poudrés, robe en soie rose décolletée.

Signé et daté 1782.

LÉPICIÉ (attribué à)

53 — *Portrait présumé de l'artiste.*

LÉPICIÉ (d'après)

54 — *La petite Paysanne.*

LESSORE

55 — *La Fête des vendangeurs.*

Esquisse.

LETHIÈRE

56 — *Scène d'inondation.*

LOO (Michel Van)

57 — *Françoise de Castellane, femme de Jean-Antoine de Riquetti.*

MANFREDI

58 — *Hérodiade tenant la tête de saint Jean.*

MOLINA

59 — *Nymphe, dans un paysage.*

Jolie miniature, signée.

MOREELSE

(DEUX PENDANTS)

60 — *Portrait d'homme et portrait de femme.*

Vus en buste; vêtement noir avec collerette; représentés dans des cartouches de forme ovale avec figures allégoriques dans les angles.

Bons portraits; signés du monogramme et datés 1606.

NEEFS (attribué à PETER)

61 — *Intérieur d'église, avec nombreux personnages.*

OCHTERVELT

62 — *La jeune Musicienne.*

ORLEY (attribué à BERNARD VAN)

63 — *La Vierge tenant dans ses bras l'enfant Jésus.*

Très bon tableau, sur bois, d'une remarquable finesse.

OSTADE (Ecole d'Adrien Van
DEUX PENDANTS)

64 — *La Toilette de l'enfant.*
Intérieur rustique.

PANINI (Giovanni Paolo)
(DEUX PENDANTS)

65 — *Monuments en ruine.*

Au centre sont groupés différents personnages ; l'un d'eux fait une prédication.

PIAZZETTA

66 — *La Souricière.*

PIGAL

67 — *La Bouquetière.*

PRUD'HON (genre de)

68 — *Portrait de jeune garçon.*
En buste.

RIGAUD (genre de Hyacinthe)

69 — *Portrait de jeune femme, costume de la Régence.*

Près d'elle, un petit épagneul.

RIGAUD (genre de Hyacinthe)

70 — *Portrait de jeune dame élégamment vêtue.*

ROBERT (Hubert)

71 — *Paysage.*

ROTTENHAMER

72 — *Diane et ses nymphes surprises par Actéon.*

Fine peinture de l'artiste.

SAFTLEVEN (Herman)

73 — *Vue prise sur les bords du Rhin.*

SCHALKEN (attribué à Godefroy)

74 — *Judith.*

Effet de lumière.

SCHALKEN (genre de)

75 — *Jeune homme soufflant le feu.*

SEM (A. 1845)

76 — *Promenade sur les bords du Rhin.*

SLINGELAND (attribué à Van)

77 — *Vanitas.*

SUAN (De)

78 — *La Chasse à courre.*

SWAGERS

79 — *Animaux au repos, dans un paysage.*

TAUNAY (attribué à)

80 — *Baigneuses, au bord d'une rivière.*

THÉOLON

81 — *Paysanne, vue en buste.*

TRINQUESSE (genre de)

82 — *Portraits de quatre personnages, dames et gentilshommes, représentés dans un parc.*

VALLIN

83 — *Bacchante tenant une grappe de raisins.*

Gracieux tableau de l'artiste.

VERMEULEN

84 — *Paysage. Soleil couchant.*

Au centre, un cheval attelé à une charrette sur laquelle sont montés deux petits villageois.

Bon tableau, signé et daté.

VÉRONÈSE (attribué à PAUL)

85 — *Le Martyre d'un saint.*

VESTIER

86 — *Portrait de femme vêtue d'un costume du temps de Louis XVI.*

Bonne peinture, d'une remarquable franchise d'exécution.

VOUET (SIMON)

87 — *L'Ascension.*

Peinture sur bois, de forme ovale, pour un plafond.

VOUET (SIMON)

88 — *La Madeleine en prière.*

ZORG

89 — *Intérieur rustique.*

A droite, des chèvres et de nombreux ustensiles de cuisine; au centre, des villageois causant devant une cheminée.

ÉCOLE ALLEMANDE

90 — *Portrait de femme en riche costume du* XVIe *siècle.*

ÉCOLE ALLEMANDE

91 — *Portrait de femme tenant un chapelet.*

ÉCOLE FLAMANDE

92 — *Sainte Catherine et sainte Agathe.*

ÉCOLE FLAMANDE

93 — *Femme tenant un broc.*

ÉCOLE FRANÇAISE

94 — *Portrait de jeune fille.*

ÉCOLE FRANÇAISE

(DEUX PENDANTS)

95 — *Paysages avec cours d'eau et personnages.*
(Fixés.)

ÉCOLE FRANÇAISE

96 — *Pastorale.*

ÉCOLE FRANÇAISE

97 — *Grotte et torrent.*

ÉCOLE HOLLANDAISE

98 — *Rochers, cours d'eau et personnages sur les bords.*

ÉCOLE ITALIENNE

99 — *La Vierge et l'enfant Jésus.*

ÉCOLE ITALIENNE

100 — *Tête de femme.*

ÉCOLE ITALIENNE

101 — *L'évanouissement d'Esther.*
Esquisse.

ÉCOLE ITALIENNE

102 — *Combat naval.*
Grisaille.

ÉCOLE VÉNITIENNE

103 — *Saint Jean.*

AQUARELLES, PASTELS

GOUACHES, DESSINS ET MINIATURES

BERTALL

104 — *Le Triomphe d'une courtisane.*

Aquarelle.

BOUILLARD (Mlle)

105 — *Portrait de jeune femme.*

Gouache.

LOUTERBOURG

106 — *Campement de bohémiens.*

MANET (Edouard)

107 — *Polichinelle.*

Lithographie coloriée, avec dédicace de l'artiste à M. Ponsard.

MARTEAU (L.)

108 — *Portrait de la marquise de Moncerf.*

Pastel.

NOEL (J.)

109 — *Intérieur de forêt.*

Gouache.

PÉRIGNON

110 — *Paysage.*

Aquarelle.

PILLEMENT (JEAN)

111 — *Paysage.*

Gouache et pastel.

ROSALBA CARRIERA (genre de)

112 — *Jeune femme tenant un masque.*

Pastel de forme ovale.

ÉCOLE FRANÇAISE

(DEUX PENDANTS)

113 — *Sujets romantiques.*

Jolies aquarelles.

INCONNU

114 — *Vespasien.*

Peinture sur cuir de Cordoue.

115 — *Peinture japonaise, représentant des femmes qui jouent aux cartes.*

116 — *Sous ce numéro, qui sera divisé, seront vendus quelques dessins par Boucher, Fragonard, Lancret, etc., et un certain nombre de jolies miniatures.*

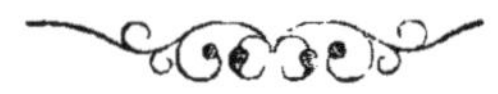

www.ingramcontent.com/pod-product-compliance
Ingram Content Group UK Ltd.
Pitfield, Milton Keynes, MK11 3LW, UK
UKHW020539180726
13839UKWH00006B/2602